Artistes | numéro **11**

INGRES,
UN NÉOCLASSIQUE FRANÇAIS

À la recherche de l'idéal esthétique

par Thérèse Claeys

50MINUTES

Avec la collaboration d'Anthony Spiegeler

INGRES

- **Naissance ?** Né le 29 août 1780 à Montauban.
- **Mort ?** Décédé le 14 janvier 1867 à Paris.
- **Contexte ?** Tournant du xviiie-xixe siècle, marqué par de multiples bouleversements sociopolitiques dont la Révolution française et la révolution industrielle. Sur le plan artistique, deux mouvements opposés prennent leur essor : le néoclassicisme et le romantisme.
- **Œuvres majeures ?**
  - *Napoléon Ier sur le trône impérial* (1806)
  - *La Grande Baigneuse* (1808)
  - *Le Songe d'Ossian* (1813)
  - *La Grande Odalisque* (1814)
  - *L'Apothéose d'Homère* (1827)
  - *Monsieur Bertin* (1832)
  - *Le Bain turc* (1862)

Jean Auguste Dominique Ingres est l'un des peintres français les plus influents du xixe siècle. Dans un contexte sociopolitique extrêmement tourmenté, il prône un retour à l'idéal classique de l'Antiquité.

Résultat d'un long processus entamé à la fin du xviiie siècle, la Révolution française de 1789 et la révolution industrielle, à partir de 1780, ouvrent la voie au libéralisme. Cette double révolution permet l'essor de la bourgeoisie en tant que classe sociale dominante. Mais le renversement de l'Ancien Régime entraîne également l'émancipation de l'artiste, désormais libre d'effectuer ses propres choix. À ce titre, Ingres prend la défense de la tradition académique telle qu'inculquée par son maître, Jacques-Louis David (1748-1825), devenant le chef de file du néoclassicisme français.

Il s'oppose radicalement au mouvement romantique qui se développe à la même époque, même si certaines de ses œuvres peuvent lui être associées.

Son admiration va tout particulièrement aux grands dessinateurs et au peintre italien Raphaël (1483-1520). Ingres passe ainsi plusieurs années de sa vie en Italie, où il est en contact direct avec les œuvres de son modèle. Sa production artistique, comptant quelque 5000 pièces, se veut paradoxale et variée, tant par ses sujets et par ses destinataires que par les matériaux et les techniques employés. Ses portraits dessinés, universellement admirés, ne constituent qu'une partie de son œuvre, et non la plus importante. Si, du vivant de l'artiste, son art, volontairement atemporel, est très discuté, voire méprisé, les générations suivantes reconnaîtront le génie avant-gardiste d'Ingres, allant même parfois jusqu'à le qualifier de précurseur de l'art moderne.

CONTEXTE

LE SIÈCLE DES LUMIÈRES, LES PRÉMISSES D'UN MONDE EN MUTATION

L'histoire ne peut être scindée en clivages imperméables. Afin de mieux saisir les enjeux de l'art au XIXe siècle, il convient de remonter au siècle précédent. En effet, les bouleversements sociaux, politiques et culturels du XIXe siècle prennent racine dans le siècle des Lumières.

Les philosophes des Lumières visent à combattre l'obscurantisme par la diffusion du savoir et prônent le culte de la raison afin d'« éclairer le peuple ». Ainsi, le XVIIIe siècle remet l'homme en tant qu'individu au centre des débats et témoigne d'un optimisme prononcé envers l'humanité, capable de progrès. D'ailleurs, cette époque voit un développement sans précédent des techniques et des sciences.

Sur le plan artistique, la seconde moitié du XVIIIe siècle se caractérise par un retour à l'Antiquité classique inspiré par la redécouverte des villes antiques d'Herculanum (1738) et de Pompéi (1748). Entre 1760 et 1770, on voit éclore un courant néoclassique, d'abord à Rome, puis dans toute l'Europe. Le néoclassicisme se veut une réaction aux exubérances du baroque finissant et du style rocaille contemporain par un retour au modèle antique et au « beau idéal ».

Parallèlement, la seconde moitié du XVIIIᵉ siècle procède à la redécouverte des antiquités nationales depuis l'époque médiévale jusqu'au règne de Louis XIII (1601-1643). La peinture d'histoire s'inspirant de ces thèmes est qualifiée de « troubadour ». Cet engouement pour l'histoire combiné à l'influence de la littérature romanesque et au retour à la nature favorise la naissance d'un courant préromantique, qui voit le jour entre 1770 et 1800. Ainsi, alors que le néoclassicisme atteint son apogée en France vers 1780, il doit composer avec d'autres tendances qui cherchent elles aussi à s'imposer.

LE DÉBUT DU XIXᵉ SIÈCLE, CREUSET DE MULTIPLES ÉMANCIPATIONS

Le passage du XVIIIᵉ au XIXᵉ siècle est marqué par la Révolution française de 1789 et la révolution industrielle qui commence dès 1780. La combinaison de ces deux révolutions prépare, en Europe, un changement des structures permettant à l'État, à l'économie et à la justice un développement libéral. Les portes du pouvoir s'ouvrent désormais à la bourgeoisie, ce qui n'est pas sans conséquence dans le domaine artistique. En effet, cette classe émergente instrumentalise l'art afin d'afficher son nouveau prestige, en particulier à travers les portraits. En outre, pour satisfaire ses aspirations et suite à la dissolution des pouvoirs de l'Église et de la noblesse, la bourgeoisie crée ses propres lieux de rassemblement dédiés à l'art : le Salon et le musée.

LE SALON

Le Salon, organisé dès la seconde moitié du XVIIe siècle par l'Académie, est une exposition officielle d'œuvres d'artistes vivants qui a lieu périodiquement. Au départ, seuls les artistes membres ont le droit d'y exposer, mais à partir de 1791, le Salon devient accessible à tous, bien que les critères de sélection du jury demeurent très sévères. Parallèlement aux Salons officiels, on assiste, dès la seconde moitié du XVIIIe siècle, à une multiplication du nombre d'expositions d'œuvres d'art.

La Révolution française exacerbe la tension entre la tradition et la liberté, non seulement sur le plan politique, mais aussi dans le monde des arts. De fait, le rejet des normes généralement admises ouvre la voie à une absolue liberté de choix artistique. Pour la première fois dans l'histoire, l'artiste est libre de s'exprimer à travers sa peinture et ne doit plus satisfaire au goût de ses commanditaires. Cela crée un gouffre important entre les artistes populaires (qui alimentent l'art officiel) et les non-conformistes (surtout appréciés après leur mort), phénomène par ailleurs amplifié par le succès grandissant de la critique d'art. Toutefois, il n'y a pas de rupture radicale dans le goût : le néoclassicisme et le romantisme continuent de se partager la scène parisienne, devenue au XIXe siècle le centre artistique mondial.

IMBROGLIO POLITIQUE ET LUTTE ARTISTIQUE

Après les années de terreur postrévolutionnaire, la prise du pouvoir par Napoléon Bonaparte (1769-1821) en 1799 et la rapide transformation du Consulat en Empire dès 1804, la France impose son hégémonie à la majeure partie de l'Europe, y compris sur le plan artistique. Napoléon Bonaparte développe une politique du soutien aux artistes qui se maintiendra jusqu'au règne de Napoléon III (1808-1873) durant le Second Empire (1852-1870).

La chute du Premier Empire de Napoléon Bonaparte voit le retour des Bourbons en 1814 : il s'agit de la Restauration, en référence au rétablissement – temporaire – de la monarchie. Louis XVIII (1755-1824), à la tête du pays, encourage alors volontiers la peinture d'histoire lorsqu'elle met en scène des motifs inoffensifs remontant jusqu'à la féodalité. Il en résulte une nouvelle floraison du genre troubadour. C'est également à cette période que s'épanouit le romantisme, menaçant la tradition classique, en perte de vitesse. S'ensuit alors une querelle artistique entre les classiques, dont Ingres devient le chef de file, et les romantiques, sous l'égide du peintre Eugène Delacroix (1798-1863).

Enfin, si la fascination de l'Occident pour l'Orient n'est pas récente, elle connaît néanmoins, au cours du XIXe siècle, une dynamique nouvelle et s'impose sur la scène artistique tant auprès des romantiques que des néoclassiques, en particulier chez Ingres. En effet, la campagne d'Égypte (1798-1799) menée par Napoléon Bonaparte, la guerre d'Indépendance de la Grèce (1821-1829), la guerre de Crimée (1854-1855) et l'ouverture du canal de Suez (1869) ont intensifié les contacts de la France avec le monde arabo-musulman, éveillant un exotisme documenté et stimulant par conséquent une nouvelle sensibilité artistique, l'orientalisme, qui représente des personnages, des paysages et des scènes du Moyen-Orient. Frappés par les beautés naturelles du monde islamique, où subsistent les vestiges des grandes civilisations du passé, de l'Égypte à la Mésopotamie, les peintres éclaircissent leur palette de couleur pour figurer tant les luxueux palais des princes que la vie quotidienne du peuple, sans oublier la sensualité érotisée des odalisques des harems. Il en résulte une modernisation des répertoires iconographiques traditionnels.

LES PREMIERS PAS CHEZ DAVID

Jean Auguste Dominique Ingres naît le 29 août 1780 à Montauban, en Midi-Pyrénées, au sein d'une famille sensible à l'art. Son père, ancien élève de l'Académie des beaux-arts de Toulouse, est sculpteur ornemaniste, peintre et musicien. Il inculque les bases de son métier à son fils.

Dessinateur précoce, Ingres se montre tout aussi doué pour la musique, en particulier pour le violon. À 13 ans, il devient d'ailleurs second violon de l'orchestre de Toulouse, où il intègre l'Académie des beaux-arts. C'est au cours de cette période toulousaine qu'Ingres développe son goût prononcé pour l'art académique et son admiration pour Raphaël. Élève brillant, il part à l'âge de 17 ans poursuivre sa formation académique à Paris, dans l'atelier du peintre Jacques-Louis David, avant d'entrer en 1799 aux Beaux-Arts.

Après un premier échec au concours du Grand Prix de Rome, dont le gagnant remporte un voyage dans la ville du même nom afin de développer ses connaissances en art antique, il est reçu l'année suivante, en 1801, avec *Achille recevant les ambassadeurs d'Agamemnon*. L'État tardant à lui verser sa bourse, le lauréat doit cependant différer son départ pour Rome. Pour gagner sa vie, il exécute alors ses premiers essais dans le genre du portrait. Parmi ses premières commandes rémunérées figurent les portraits de la riche famille Rivière. Si le jeune peintre vit difficilement pendant ces années d'attente, sa réputation ne cesse de croître au point qu'un portrait de Napoléon Ier sur son trône lui est commandé en 1803.

LA RETRAITE ITALIENNE

Bénéficiant de la protection de Napoléon Bonaparte en 1806, Ingres part enfin pour Rome, où se définissent les principales composantes de son style, à savoir le primat du dessin et, plus encore, le dépouillement de la ligne. Durant son séjour, le jeune artiste est pensionnaire de la villa Médicis.

La découverte de Rome et des trésors de l'art classique fascine et inspire Ingres au point que ce dernier ne souhaite plus rentrer à Paris. Sa volonté est renforcée par l'accueil déplorable qu'y reçoit son œuvre : Ingres est qualifié de « gothique », de « barbare » ou encore de « chinois ». Après quatre ans de pensionnat à la villa Médicis, il décide donc de rester à Rome, où l'administration impériale et une forte présence française lui assurent des commandes. Il perd cependant cette clientèle à la chute de l'empire en 1814 et se spécialise alors dans le portrait dessiné. Entre-temps, en décembre 1813, il épouse Madeleine Chapelle (1782-1849), dont il réalise de nombreux portraits.

Ingres prolonge ensuite son séjour italien à Florence, de 1820 à 1824. C'est alors que lui parvient une commande officielle du gouvernement de la Restauration, *Le Vœu de Louis XIII* (1824), qui remporte un succès étonnant au Salon de Paris. Suite à ce triomphe, le peintre rentre dans la capitale française et devient le chef de file de la tradition classique. Entre 1824 et 1834, une pluie d'honneurs s'abat sur lui : en 1825, il est élu à l'Académie et, en 1829, il ouvre un atelier à l'École des beaux-arts, dont il devient même président en 1833. Toutefois, la gloire est de courte durée : au Salon de 1834, l'échec cuisant du *Martyre de saint Symphorien* écœure l'artiste. Déçu et se sentant incompris, il repart à Rome et devient directeur de la villa Médicis jusqu'en 1841. Il est admiré de tous, tant pour ses compétences d'administrateur que pour ses talents de professeur.

UNE CONSÉCRATION TARDIVE

Lorsqu'il rentre à Paris en 1841, Ingres est encensé et, désormais, le succès ne le quittera plus. Il reçoit des commandes pour des décorations monumentales et des vitraux, et entreprend de grands portraits mondains ainsi que des tableaux religieux. Devenu veuf en 1849, il épouse, en 1852, Delphine Ramel, de 28 ans sa cadette.

En 1855 a lieu l'Exposition universelle, où le peintre présente au public 43 toiles dans une salle qui lui est exclusivement consacrée. En 1857, il devient membre de l'Académie royale des beaux-arts d'Anvers et, en 1862, Napoléon III le nomme sénateur.

Les dernières années de l'artiste, particulièrement fécondes, sont caractérisées par une profusion d'études de nus qui préparent ses compositions ultimes, dont *Le Bain turc* (1862). Ingres s'éteint à Paris le 14 janvier 1867, à l'âge de 87 ans, léguant son atelier à la ville de Montauban.

CARACTÉRISTIQUES

UN PEINTRE DESSINATEUR

« Le dessin est la probité de l'art », dit Ingres, qui attribue au dessin une importance primordiale et supérieure à celle de la couleur (JOVER (Manuel), *Ingres. Écrits et propos sur l'art*, Paris, Hermann, 2006, p. 21). L'artiste, constamment à la recherche de la perfection de la ligne, n'hésite pas à multiplier les esquisses préparatrices. Dans son processus de création, il se sert de nombreux calques, qu'il superpose au dessin en reprenant les contours et en les épurant jusqu'à ce qu'il juge la figure prête à être peinte. Il fait ainsi preuve d'un grand sens du détail. Toutefois, sa minutie, loin d'être réaliste, se veut miniaturisante.

LE SAVIEZ-VOUS ?

Pour représenter le bras d'un malade dans *La Maladie d'Antiochus* ou *Antiochus et Stratonice* (1840), Ingres a réalisé pas moins de 200 croquis et l'a peint 50 fois !

Ce souci du détail couplé à celui de la perfection linéaire produit un dessin très incisif tendant à isoler les figures individuelles, qui apparaissent par conséquent comme rétrécies. Les compositions aux multiples personnages s'envisagent donc moins dans leur ensemble que dans leur segmentation en figures isolées. Ces dernières n'ont aucun lien entre elles et, de même, elles n'entretiennent aucun rapport avec le monde : chez Ingres, l'arrière-plan est généralement occupé par une architecture isolante ou par un paysage ouvert réduit à quelques lignes élémentaires afin d'accentuer son éloignement par rapport aux personnages du premier plan. L'arrière-plan vise ainsi à isoler les figures de toute référence spatio-temporelle.

Ingres, à l'instar de ses prédécesseurs néoclassiques, proscrit tout ce qui porte la marque de l'intervention de l'artiste sur la toile, la fameuse « touche » chère aux peintres romantiques : « Ce qu'on appelle la touche est un abus de l'exécution. Elle n'est que la qualité des faux talents, des faux artistes, qui s'éloignent de l'imitation de la nature pour montrer simplement leur adresse. » (*Ibid.*) Pour les mêmes raisons, l'artiste condamne l'empâtement, c'est-à-dire l'application d'épaisses couches de couleurs superposées. Ces partis-pris, combinés à la souveraineté de la ligne, accentuent le sentiment de platitude que certains éprouvent au contact des œuvres d'Ingres.

DES TECHNIQUES VARIÉES

Les moyens picturaux utilisés par Ingres sont très divers : « mine de plomb » pour les portraits ou les vues urbaines ; crayon noir pour les études de figures et de draperies ; craie blanche pour assouplir le rendu des volumes ; plume pour les croquis rapides de scènes familières et pour les premières pensées, encore schématiques, des compositions. L'usage du pinceau et la technique de l'aquarelle sont plus rares dans son œuvre.

UNE ŒUVRE INTEMPORELLE

Si les statues gréco-romaines, les vases grecs ou encore les œuvres de Raphaël et de Nicolas Poussin (1594-1665), qui se situent dans la plus pure tradition classique, demeurent les grands modèles dont il se réclame, Ingres apprécie également les primitifs italiens, comme Giotto (1266-1337), et certains maniéristes, notamment il Bronzino (1503-1572).

LES PRIMITIFS ITALIENS

L'expression « primitifs italiens » désigne les peintres italiens des XIIIe et XIVe siècles qui marquent le passage de la peinture murale à la peinture sur panneau de bois mobile. Cette période est qualifiée de « pré-Renaissance ». L'art de ces peintres se caractérise par l'humanisation des figures et l'introduction du paysage et de l'architecture dans le cadre pictural.

En outre, malgré son aversion pour les peintres romantiques, Ingres partage avec ces derniers un goût prononcé pour les légendes nordiques (notamment pour les poèmes du pseudo-Ossian, souvent qualifié d'Homère du Nord), les textes chrétiens, l'histoire ancienne et récente de France ou encore l'Orient. Ce rapport complexe avec les tendances romantiques permet à l'œuvre d'Ingres de ne pas basculer dans une rigidité et une froideur trop académiques. À noter que, contrairement à nombre de ses contemporains et aussi surprenant que cela puisse paraître, Ingres n'a jamais cédé à la tentation du voyage en Orient, s'inspirant de lectures et de gravures pour reproduire l'univers oriental dans ses œuvres.

L'artiste ouvre ainsi de nouvelles voies au néoclassicisme dicté par Jacques-Louis David, vis-à-vis duquel il prend rapidement son indépendance. Il est à la fois le champion et le rénovateur de cet art académique. Selon la doctrine ingresque, l'imitation de la nature passe avant l'imitation des Anciens. Toutefois, il ne s'agit pas d'une imitation réaliste, car Ingres préconise de ne pas peindre directement d'après nature, mais d'après les dessins qu'on a fait d'elle. Aussi l'artiste ne se prive-t-il pas d'altérer la nature : ce qu'il appelle « corriger la nature par elle-même » revient à prolonger son propre mouvement afin de souligner la beauté naturelle grâce à l'allongement ou le raccourcissement hyperbolique des figures. Cette déformation anatomique, combinée au manque de profondeur, lui vaut d'être qualifié d'« archaïque » par ses contemporains et de « génie » par ses successeurs du XXe siècle. Ces traits stylistiques prouvent que l'art d'Ingres outrepasse les conventions et le goût de son époque pour s'engager, bien qu'involontairement, vers la modernité. Par ailleurs, la difficulté à caractériser son œuvre selon un style bien défini la rend atemporelle.

UN PORTRAITISTE INAVOUÉ

Ingres se veut d'abord et avant tout un peintre d'histoire. Les thèmes exploités par l'artiste vont des épopées homériques (*Achille recevant les ambassadeurs d'Agamemnon*, 1801) et autres épisodes de la mythologie classique (*Œdipe et le Sphinx*, 1808) aux histoires saintes (l'image de la Vierge en particulier est l'un des thèmes catholiques les plus étudiés par le peintre), en passant par les légendes médiévales (*Roger délivrant Angélique*, 1819) et les vies des grands maîtres de la Renaissance (*La Mort de Léonard de Vinci*, 1818), sans oublier l'histoire nationale, ancienne et récente (*Charles X en costume de sacre*, 1830).

Cela peut surprendre au vu de ses difficultés à harmoniser des compositions complexes comprenant plusieurs personnages, alors que ses portraits et ses nus sont les plus grandes réussites de son œuvre. Aux yeux de l'artiste, ses portraits ne sont pourtant que secondaires. Il les considère comme un mal nécessaire à sa subsistance, surtout dans les périodes difficiles. Dans ses écrits, il n'en parle d'ailleurs que pour se plaindre : « Ces maudits portraits ont été inventés pour détruire constamment mon bonheur. » (Lettre à Charles Marcotte, 3 août 1855, in TERNOIS (Daniel), *Lettres d'Ingres à Marcotte d'Argenteuil*, Nogent-le-Roi, Librairie des arts et métiers-Jacques Laget, 2001, volume 35) Ingres n'en demeure pas moins un portraitiste hors pair capable de capter la vérité du caractère de ses modèles autant que de rendre leur aspect physique de manière fidèle. Personnalités influentes, anonymes issus de son cercle d'amis ou de sa famille, peintres, architectes ou encore musiciens sont autant de modèles passés sous le pinceau de l'artiste. Avec le temps, les portraits féminins, en particulier, gagnent en monumentalité et en opulence, reflet de la société fastueuse et matérialiste du Second Empire (1852-1870).

Toutefois, le nu féminin demeure le thème de prédilection de l'artiste et le hante tout au long de sa carrière. La nudité, jamais vulgaire, est prétexte à la mise en scène du désir innocent et souvent inassouvi. Celui-ci est notamment perceptible dans le traitement des chairs satinées, les poses alanguies et le raffinement des arabesques épousant les courbes des corps dénudés.

La production d'Ingres ne se limite pourtant pas uniquement aux portraits, aux nus et à la peinture d'histoire. En effet, il réalise également des paysages, peints pour la plupart lors de son séjour à la villa Médicis. En outre, la famille royale charge l'artiste de concevoir les vitraux de la chapelle néogothique Notre-Dame de la Compassion à Neuilly, en hommage à la disparition du prince Ferdinand d'Orléans (1810-1842).

SÉLECTION D'ŒUVRES

NAPOLÉON Ier SUR LE TRÔNE IMPÉRIAL

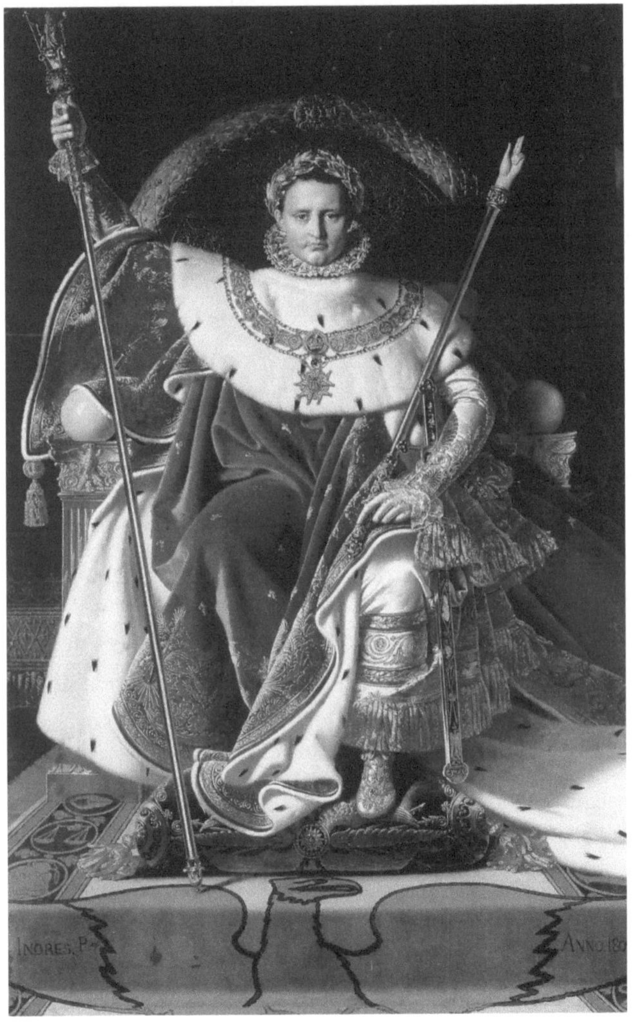

Napoléon Ier sur le trône impérial, 1806, huile sur toile, 260 x 163 cm, Paris, musée de l'Armée.

Ingres réalise cette œuvre à l'âge de 26 ans. Suite à l'instauration de l'Empire en 1804 et à la fastueuse cérémonie du sacre de Napoléon Bonaparte, les artistes français sont invités à célébrer le nouvel ordre politique et à glorifier l'empereur. Bien que l'histoire de cette œuvre demeure incertaine, il est probable qu'elle ait été commandée par l'administration impériale pour être offerte à l'empereur. Toutefois, lors de sa présentation au Salon de 1806, ce tableau indigne le public et est finalement acheté par le corps législatif. L'empereur lui-même lui préfèrera une œuvre de David.

Construite en triangle, cette toile représente l'empereur Napoléon Ier en costume de sacre, vêtu d'un manteau pourpre doublé d'hermine – symbole des monarques de l'Ancien Régime – et portant le lourd collier de la croix de la Légion d'honneur. Les fleurs de lys qui ornaient habituellement le manteau des rois de France sont ici remplacées par des abeilles, qui représentent la puissance impériale. L'empereur porte par ailleurs les attributs du pouvoir, les *regalia* : le sceptre de Charles V, la main de la justice et l'épée de Charlemagne. Sa tête est ceinte d'une couronne de laurier en or qui symbolise quant à elle le pouvoir impérial antique.

Napoléon Bonaparte est assis sur un somptueux trône en or surélevé, tandis qu'un tapis orné d'un imposant aigle impérial et des signes du zodiaque occupe le premier plan. Parmi ces signes, le premier médaillon à gauche figure une copie de *La Vierge à la chaise* (1514) de Raphaël.

Ingres fait preuve d'une réelle originalité en représentant l'empereur dans une posture hiératique, avec des traits dénués d'expressivité, comparable aux icônes byzantines. Les accessoires sont, quant à eux, traités avec une grande minutie. En réalité, l'artiste cherche moins à représenter l'individu que la dignité impériale. En désincarnant ainsi l'empereur, il en fait une sorte de divinité toute-puissante. Mais sa démarche, bien qu'elle participe à la propagande impériale, est incomprise de ses contemporains.

BAIGNEUSE DE VALPINÇON OU *GRANDE BAIGNEUSE*

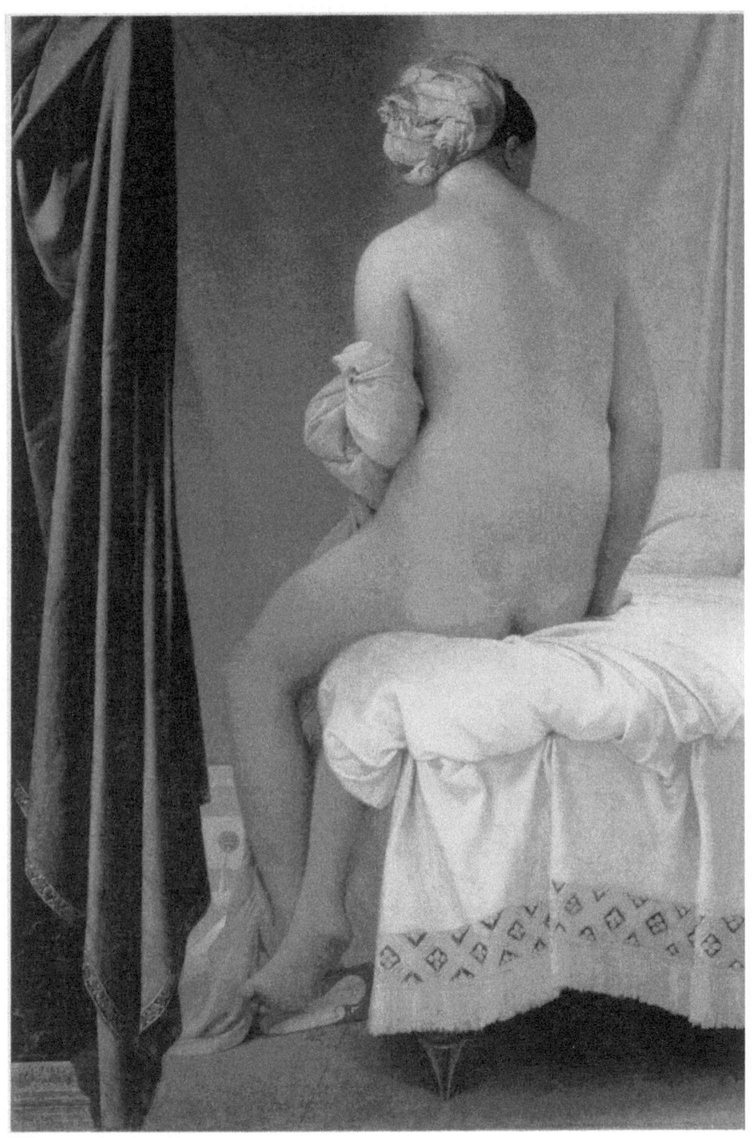

Baigneuse de Valpinçon ou *Grande Baigneuse*, 1808, huile sur toile, 146 x 97 cm, Paris, musée du Louvre.

La Baigneuse, dont le titre original est *Femme assise*, est qualifiée de *Baigneuse de Valpinçon* du nom de l'un de ses propriétaires au XIXe siècle. L'artiste envoie cette œuvre en France à la fin de la première année de son séjour romain, en 1808 : elle reçoit un accueil mitigé, voire absent. Il faut attendre l'Exposition universelle de 1855 pour qu'elle attire de louangeuses critiques. Il s'agit du premier grand nu d'Ingres. Après les affres de la Révolution de 1848, le public cherche à s'évader dans un art délicat incarnant la joie de vivre. Cette toile semble, dès lors, correspondre aux aspirations de l'époque.

L'œuvre représente une femme nue, assise sur un lit aux draps blancs, tournant le dos au spectateur. Le fait que le personnage soit placé de dos est contraire à la règle : on ne voit rien de la scène et on ignore ce qu'il se passe. La tête de la femme, légèrement tournée vers la droite, est couverte d'un turban, tandis qu'une de ses sandales rouges est à ses pieds, délacée. Les rideaux encadrant la figure laissent entrevoir un bassin alimenté par un jet d'eau à tête de lion. Cette évocation de la pratique du bain et du harem, ici traitée d'une façon onirique et idéalisée, s'inscrit parfaitement dans la tendance orientaliste.

Plutôt qu'une femme particulière, à travers ce nu pudique – les attributs de la féminité sont intentionnellement voilés –, Ingres nous donne à voir une idée générale de la femme, interprétation confortée par l'anonymat du visage. Malgré la chasteté apparente du personnage, il émane de la courbe sinueuse du corps une sensualité diffuse, renforcée par la teinte dorée et satinée de la peau. Aussi, en observant la chute de reins de la figure féminine, remarque-t-on qu'il y a deux vertèbres lombaires de trop, d'où un corps quelque peu disproportionné, au dos trop allongé. Cette déformation est cependant voulue par Ingres : l'artiste cherche ainsi à imprimer au pesonnage une certaine musicalité qui passe par une série de courbes et de contre-courbes. Quant au décor, il se veut minimaliste, situant l'œuvre dans un espace-temps universel et atemporel.

LE NU FÉMININ

Inspiré de la *Petite étude de baigneuse à mi-corps* réalisée en 1807, le motif d'un dos nu féminin fascinera Ingres jusqu'à la fin de sa vie et connaîtra une grande postérité dans son œuvre. En effet, Ingres le reproduira presque à l'identique dans plusieurs compositions dont *La Petite Baigneuse* ou *Intérieur de harem* (1828) ou encore *Le Bain turc* (1862). Cette femme nue assise de dos constitue l'un des trois types de traitement du féminin défini par Ingres lors de son séjour à la villa Médicis, les deux autres étant celui de la femme allongée (*Odalisque à l'esclave*, 1842) et celui de la femme martyrisée (*Roger délivrant Angélique*, 1819).

LE SONGE D'OSSIAN

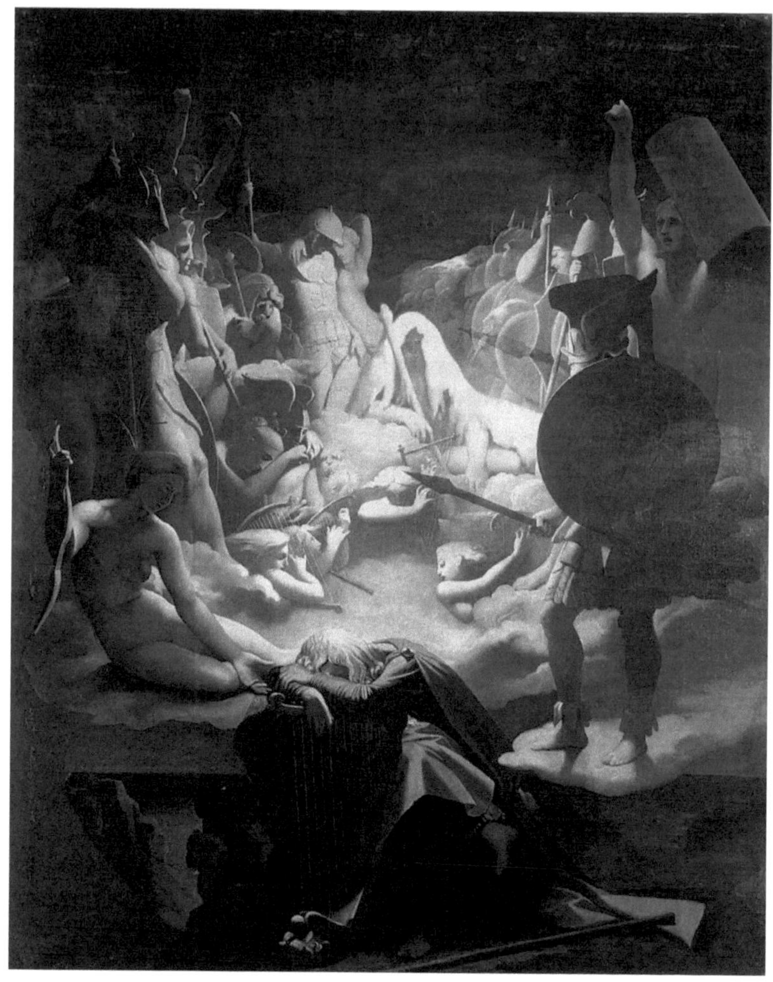

Le Songe d'Ossian, 1813, huile sur toile, 348 x 275 cm, Montauban, musée Ingres.

Ce tableau est commandé par l'empereur Napoléon Bonaparte afin d'orner le ciel de lit de sa chambre au palais du Quirinal à Rome. En effet, l'empereur était friand des textes du pseudo-Ossian, un poète qui se faisait passer pour un barde écossais du IIIe siècle. Ces poèmes, en réalité composés par le poète écossais James Macpherson (1736-1796) au XVIIIe siècle, verront leur succès perdurer longtemps encore après la découverte de la supercherie. En plus d'avoir ravivé l'intérêt pour l'histoire ancienne et la mythologie celtique au point d'engendrer une véritable celtomanie, ils donnent naissance à l'« ossianisme », un mouvement poétique préromantique aux ambitions nationalistes.

L'œuvre représente Ossian assoupi. Sa famille lui apparaît sous la forme d'ombres massives peintes dans des tons gris : sa femme Evirallina, représentée à gauche, lui tend la main tandis que son fils Oscar, à droite, s'approche sous les traits d'un chevalier. Quatre harpistes sont placés entre eux en arc de cercle. À l'arrière-plan figurent, entre autres, Fingal, son père, et Starno, le roi des neiges.

Le Songe d'Ossian est sans nul doute le tableau le plus atypique d'Ingres. Avec cette œuvre, l'artiste rompt avec les traditionnelles sources d'inspiration du classicisme (à savoir l'Antiquité gréco-latine) pour se tourner vers un autre patrimoine culturel, hérité des Celtes, des Germains et des Vikings – un univers qui inspire habituellement davantage les artistes romantiques. Outre le thème, l'étrange lumière baignant la composition rapproche également cette œuvre de l'esthétique romantique.

À l'origine, la toile était rectangulaire. Ingres voulut la transformer en 1835 en une composition ovale et confia cette tâche à un de ses élèves, Raymond Balze (1818-1909). Mais l'artiste revint sur sa décision et ajouta un guerrier dans chaque angle supérieur : il fit même son autoportrait en la personne du guerrier figurant dans l'angle supérieur droit. Certaines de ces retouches ne furent jamais achevées, sans que cela ne gêne toutefois la lisibilité de l'œuvre.

LA GRANDE ODALISQUE

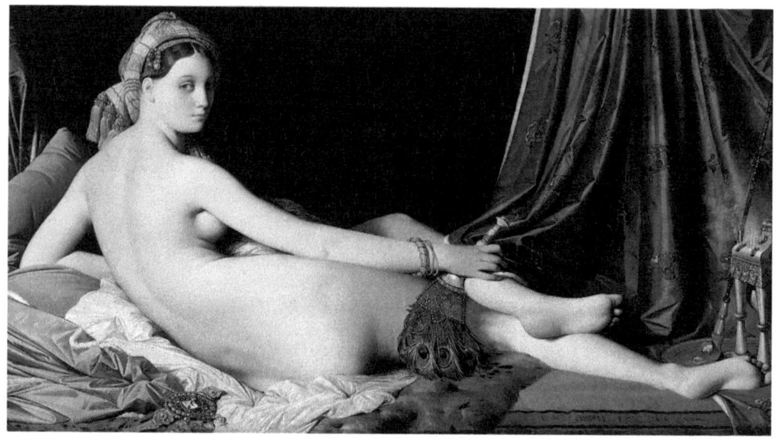

La Grande Odalisque, 1814, huile sur toile, 91 x 162 cm, Paris, musée du Louvre.

Cette œuvre est réalisée par Ingres lors de son premier séjour romain suite à une commande de Caroline Murat (1782-1839), la plus jeune sœur de Napoléon Bonaparte et la reine de Naples. Cette toile est exécutée comme le pendant de la *Dormeuse de Naples* (1809), acquise par le roi de Naples Joachim Murat et disparue lors de la chute du royaume en 1815. L'œuvre est exposée pour la première fois au Salon de 1819, où elle affronte une critique acerbe.

La Grande Odalisque met en scène une jeune femme nue allongée sur une banquette ornée de diverses étoffes luxueuses. Bien qu'elle soit représentée de dos, elle tourne son visage, au regard fixe, quoique dénué d'expression, vers le spectateur. Elle est accoudée sur son bras gauche et tient son mollet de la main droite, en attente de l'amour. Sa tête est couverte d'un turban brodé. Elle tient un chasse-mouche dans sa main droite, dont le poignet est orné de quelques bracelets. À ses pieds est représenté un plateau portant un fourneau et une pipe à opium. Certaines déformations anatomiques sont à signaler : présence de trois vertèbres supplémentaires, étirement extrême des membres, raccord invraisemblable de la jambe gauche au corps, sein sous le bras, vrille du cou ou encore largeur démesurée du bassin. Toutefois, ces anomalies apparentes sont tout à fait intentionnelles, car elles concourent à la fluidité des courbes du corps.

Par ses divers accessoires orientalisants et son thème (l'odalisque, du terme turc « odalik », désigne une femme appartenant au harem), cette œuvre met en scène un Orient fantasmé et sensuel. Toutefois, ce nu se veut également l'héritier de ceux de Raphaël ou du Titien (vers 1488-1576), tandis que la pose lascive semble provenir d'une esquisse de Jacques-Louis David, elle-même issue d'une nymphe sculptée de l'Antiquité. Cette œuvre, incomprise par ses contemporains, deviendra une importante source d'inspiration pour les artistes des générations suivantes – y compris pour Édouard Manet (1832-1883) dans son *Olympia* (1863).

L'APOTHÉOSE D'HOMÈRE OU *HOMÈRE DÉIFIÉ*

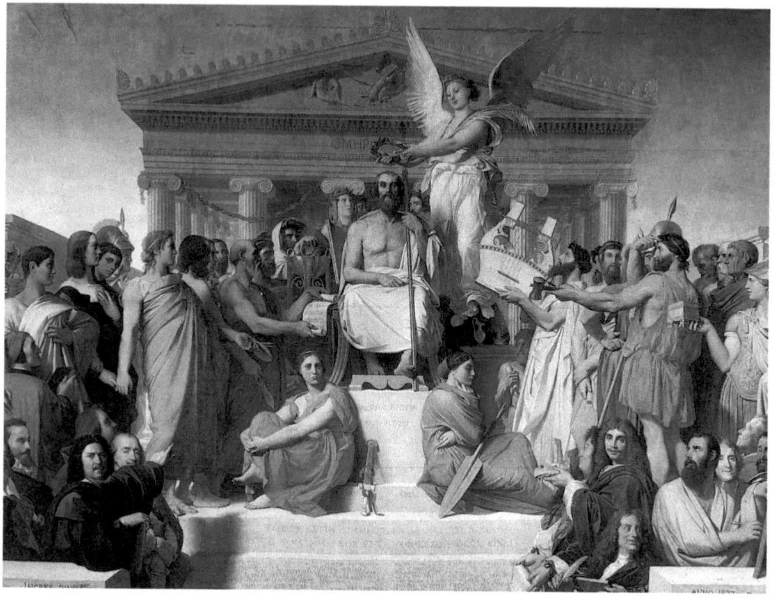

L'Apothéose d'Homère ou *Homère déifié*, 1827, huile sur toile, 386 x 512 cm, Paris, musée du Louvre.

Cette œuvre, pour laquelle l'artiste a réalisé plus de 200 études préparatoires, est peinte lors de son premier retour triomphal à Paris. Commandée par le comte de Forbin (1777-1841), elle est destinée à orner un plafond du musée Charles X au Louvre (actuellement les salles égyptiennes). L'œuvre est achevée en un an, mais Ingres la reprend en 1855. Elle est aujourd'hui présentée comme un tableau de chevalet, l'artiste n'ayant pas tenu compte du point de vue spécifique exigé par la destination du tableau.

Devant la façade d'un temple antique, le poète grec Homère (VIIIe siècle av. J.-C.), assis et élevé au rang d'une divinité, reçoit l'hommage de grands hommes de l'Antiquité et d'artistes des Temps modernes formant une assemblée d'environ 80 figures.

Il est couronné par l'allégorie de la Victoire, tandis qu'à ses pieds, deux allégories figurent les épopées qu'il a composées : l'*Iliade*, à sa gauche, et l'*Odyssée*, à sa droite. Ces personnages, aux drapés de couleurs vives, forment avec Homère un triangle presque équilatéral à la base de la composition. Parmi les grandes personnalités de l'Antiquité, à gauche d'Homère, on peut identifier l'historien Hérodote en train de remplir à nouveau l'encensoir. Un peu plus à gauche, le personnage portant un poignard n'est autre que le poète tragique Euripide. À droite d'Homère, le sculpteur Phidias porte un drapé rose vif et des maillets. Derrière lui se tient l'homme d'État athénien Périclès. À gauche de ce dernier, le philosophe Socrate (au crâne chauve) discute en face à face avec Platon. Ensuite, à l'extrémité droite de ce groupe figure Alexandre le Grand, casqué et tenant un coffret contenant les manuscrits d'Homère. Plus bas et représentés jusqu'à la taille, se tiennent les artistes et auteurs des Temps modernes, parmi lesquels, dominant le groupe à gauche d'Homère, figure le peintre Nicolas Poussin pointant du doigt la figure centrale de la composition, Homère. Dans le groupe de droite à l'avant-plan est représenté Molière (1622-1673) tenant un masque.

La réunion de personnages ayant vécu à différentes époques fait de cette œuvre une allégorie de l'inspiration artistique plutôt qu'une scène historique. À travers cette composition, Ingres affirme la prééminence du modèle classique pour toute production artistique. La frontalité et la symétrie de la composition concourent également au respect de cette tradition.

Ce tableau s'inspire directement de *L'École d'Athènes* de Raphaël. Outre le rassemblement d'esprits brillants, les deux œuvres ont pour point commun l'usage d'une architecture classique et d'une disposition hiérarchique des différents personnages sur les marches. Dans *L'Apothéose d'Homère*, Raphaël est d'ailleurs lui-même représenté en noir et blanc, derrière le peintre grec Apelle (IVe siècle av. J.-C.), vêtu quant à lui d'un long drapé bleu. Cette insertion du peintre italien au sein de la toile, et plus particulièrement parmi les illustres personnalités antiques plutôt que parmi ses pairs en bas des marches, en dit long sur l'admiration que lui voue Ingres.

MONSIEUR BERTIN

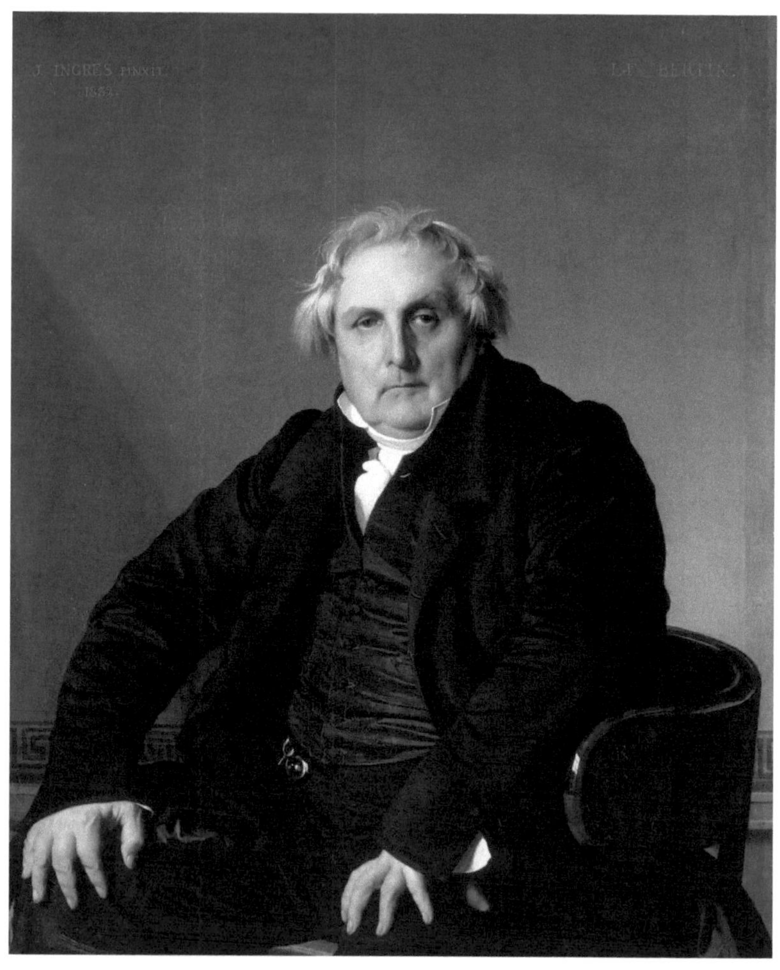

Monsieur Bertin, 1832, huile sur toile, 116 x 96 cm, Paris, musée du Louvre.

Ingres travaille à ce tableau dès 1832 et l'expose, après de nombreuses retouches, au Salon de 1833, où il reçoit une critique élogieuse, bien que teintée de moquerie par rapport à la pose prise par le modèle. Ce portrait est le symbole de l'ascension économique et de la prééminence politique de la bourgeoisie au XIXe siècle, en particulier sous le règne de Louis-Philippe Ier (1773-1850). Il est commandité par Louis-François Bertin (1766-1841), alors âgé de 66 ans et représentant de cette nouvelle classe sociale que l'on appelle la bourgeoisie d'affaires, qui gagne sa reconnaissance par son investissement dans le travail et qui justifie sa fortune en développant le mécénat. Il dirige le *Journal des débats*, un des principaux périodiques de l'époque, consacré essentiellement aux questions politiques, mais aussi à l'actualité artistique.

Louis-François Bertin est représenté tourné de trois-quarts, la tête de face, assis sur une chaise de bureau dont l'accoudoir en bois verni reflète une fenêtre. Il porte un costume noir, selon la mode bourgeoise du XIXe siècle, et une chemise blanche éclairant son visage. Son aisance financière est également matérialisée par sa montre en or. Ses mains, solidement appuyées sur ses genoux – ce qui traduit l'assurance du personnage –, sont les seuls points de lumière du bas de la composition. Le fond neutre et monochrome concentre l'attention sur le personnage et l'isole du reste du monde.

Ce portrait frappe par son réalisme sans concession, bien qu'Ingres procède à des déformations anatomiques au niveau des bras et des mains. Il traduit particulièrement bien la personnalité brillante et dynamique de son modèle, cheveux en désordre et expression du visage asymétrique, position légèrement penchée vers l'avant. Celle-ci est en réalité inspirée d'un déjeuner entre le journaliste et l'artiste : tandis qu'Ingres et Bertin discutent, celui-ci n'entend pas et se penche pour écouter son interlocuteur. Ingres reproduit cette curieuse position à la fois en plongée et en contre-plongée, ce qui a pour conséquence de mettre en avant la richesse du personnage.

Enfin, la composition pyramidale et le cadrage renforcent encore l'impression de puissance émanant de Bertin. En insistant sur les traits caractéristiques du bourgeois, Ingres réalise un portrait historique.

LE BAIN TURC

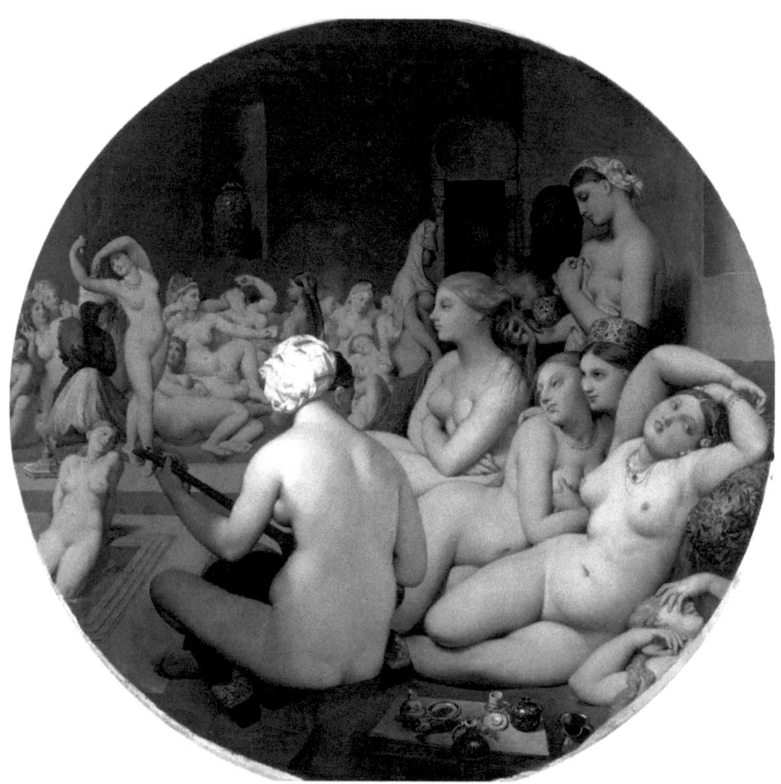

Le Bain turc, 1862, toile marouflée sur bois, 108 x 110 cm, Paris, musée du Louvre.

Cette œuvre est commanditée par le prince Napoléon (1822-1891), cousin de Napoléon III, en 1848, et achevée par Ingres, après de nombreuses retouches, en 1862, alors qu'il est âgé de 82 ans. Si elle était au départ de forme rectangulaire, en 1860, l'artiste lui confère un cadre circulaire, dit *tondo*, comme dans certains tableaux de Raphaël. Ce cadrage génère un sentiment de voyeurisme. Dernier chef-d'œuvre de l'artiste, il n'est révélé au grand public qu'en 1905, lors de la rétrospective consacrée à Ingres au Salon d'automne.

Dans cette scène de harem, représentative de l'orientalisme, des dizaines de femmes sont représentées nues dans des poses alanguies, sortant du bain, dansant ou jouant d'un instrument de musique. Les différentes figures n'entretiennent aucun rapport : elles semblent juxtaposées comme par collage. Cette manière de composer a suscité de vives critiques. Par ailleurs, l'arabesque s'affirme au détriment de l'exactitude anatomique et de l'effet de profondeur.

Ce tableau, moderne tant dans son sujet que dans sa forme, constitue la synthèse de toute l'œuvre d'Ingres. En effet, ce *tondo* consiste en une mosaïque d'emprunts à des récits de voyage en Orient et à des figures de tableaux antérieurs. Ainsi, la figure de dos au premier plan est inspirée de *La Baigneuse de Valpinçon* (1808) et la position de la femme presque allongée à l'extrémité inférieure droite de la composition semble être une variation de *La Dormeuse de Naples* (1809). Derrière celle-ci, le visage de la baigneuse se faisant caresser la poitrine par une de ses compagnes ressemble à s'y méprendre à celui d'un des anges du *Vœu de Louis XIII* (1824). Quant à la baigneuse se tenant debout au fond à gauche de la composition, elle n'est pas sans rappeler la *Vénus Anadyomène* (commencée en 1808 et achevée en 1848). Par ailleurs, Ingres intègre également à son *tondo* le portrait de sa première épouse, Madeleine Chapelle, en guise d'hommage posthume : il s'agit de la femme allongée au premier plan. Par cette composition, sans doute la plus érotique de toute son œuvre, l'artiste atteint la perfection de la ligne tant recherchée.

Pour *Le Bain turc*, Ingres s'est inspiré de la correspondance de l'écrivaine britannique Lady Montagu (1689-1762), qui raconte une visite aux bains (réservés aux femmes) à Istanbul au début du XVIIIe siècle.

Pour *Le Bain turc*, Ingres s'est inspiré de la correspondance de l'écrivaine britannique Lady Montagu (1689-1762), qui raconte une visite aux bains (réservés aux femmes) à Istanbul au début du XVIIIe siècle.

INGRES, UNE SOURCE D'INSPIRATION

Alors que son génie demeure souvent incompris aux yeux de ses contemporains, Ingres connaît une grande postérité auprès des artistes des générations suivantes. Bien que l'artiste méprise ou ignore ces « Modernes », ceux-ci admirent sa ligne épurée, son esprit de synthèse ou encore son abolition de l'espace. Toutefois, l'influence d'Ingres est davantage spirituelle que formelle. Aussi les hommages envers le peintre prennent-ils le plus souvent la forme d'une référence à une œuvre en particulier.

Edgar Degas (1834-1917) rencontre Ingres pour la première fois en 1855. Il le vénère autant qu'Eugène Delacroix, bien que les deux artistes développent un art totalement opposé. Lors de leur entrevue, Ingres conseille à Degas de « faire beaucoup de lignes », car c'est cela qui fait, selon lui, un bon artiste. Suivant cette recommandation, Degas multiplie les dessins préparatoires, à l'instar du chef de file du néoclassicisme. L'influence du maître est également palpable dans l'un de ses thèmes de prédilection : la femme nue à sa toilette.

L'œuvre d'Ingres, avec ses déformations formelles, a également contribué, en quelque sorte, à la naissance du cubisme. Mais si les distorsions que l'artiste applique à certaines figures de ses œuvres participent chez lui à la correction de la beauté naturelle, elles constituent, chez les peintres cubistes, une valorisation de tel ou tel détail au détriment de la vraie nature. La planéité est une autre caractéristique du cubisme probablement héritée d'Ingres. Dans *Guernica* (1937) de Pablo Ruiz Picasso (1881-1973), par exemple, la distorsion anatomique de la femme dont le cou, les yeux et les bras s'étirent dans un geste de désespoir peut être comparée à celle de Thétis dans *Jupiter et Thétis* (1811) d'Ingres.

Enfin, de nombreux artistes contemporains pratiquent l'art de l'emprunt ou du détournement vis-à-vis des chefs d'œuvres d'Ingres. C'est notamment le cas du photographe Man Ray (1890-1976), qui utilise le motif de *La Grande Baigneuse* pour son *Violon d'Ingres* (1924), expression désignant un « passe-temps favori », en référence à la passion du peintre pour le violon.

EN RÉSUMÉ

- Le tournant du XVIIIe au XIXe siècle est le théâtre de nombreuses émancipations, tant politiques (avec le renversement de l'Ancien Régime) et sociales (avec l'essor de la bourgeoisie) qu'artistiques (l'artiste étant désormais libre de ses propres choix artistiques).

- Ingres doit son éducation artistique à son père d'abord, puis au célèbre peintre néoclassique Jacques-Louis David.

- Face à l'impulsion romantique, mais sans pourtant demeurer insensible aux sources d'inspiration du préromantisme, il défend la doctrine classique enseignée par son maître, bien qu'il la dépasse et la révolutionne. Son style est, dès lors, difficilement définissable.

- Son génie parfois contradictoire demeure souvent incompris aux yeux de ses contemporains. Il alterne triomphes et échecs, ce qui le conduit à se replier en Italie, où il demeure en contact direct avec son modèle de toujours, le peintre Raphaël. Il connaît toutefois une consécration tardive à la fin de sa vie, riche en créations nouvelles et en reprises de tableaux antérieurs.

- Le dessin est maître dans l'œuvre d'Ingres, qui combine un réalisme intense à un sens aigu de l'abstraction et de la planéité. La beauté naturelle est soulignée par l'allongement hyperbolique des figures.

- Alors que les portraits sont les plus populaires de ses œuvres et qu'il excelle dans les nus féminins, l'artiste se déclare avant tout peintre d'histoire, sommet de la hiérarchie des genres picturaux à l'époque.

- *Le Bain turc* représente l'aboutissement de la recherche picturale d'Ingres et offre une synthèse de toute son œuvre. Le nu féminin, sensuel sans être vulgaire, est empreint d'orientalisme.

- Les générations suivantes reconnaissent dans son art atemporel les prémisses de la modernité et sont fascinées par ses aspects involontairement anticlassiques, autrefois méprisés.

POUR ALLER PLUS LOIN

SOURCES BIBLIOGRAPHIQUES

- CABANNE (Pierre), *Histoire de l'art du Moyen Âge à nos jours*, Paris, Larousse, 2006.
- CAHN (Isabelle), LOBSTEIN (Dominique) et WAT (Pierre), *Chronologie de l'art du XIXe siècle*, Paris, Flammarion, 2008.
- COLLECTIF, *D'Ingres à Cézanne. Le XIXe siècle dans les collections du musée du Petit Palais*, Paris, Paris Musées, 1998.
- CREPALDI (Gabriele), *L'Art au XIXe siècle*, Paris, Hazan, 2005.
- *D'Ingres à Cézanne. Le XIXe siècle dans les collections du musée du Petit Palais*, Paris, Paris Musées, 1998.
- FRIDE-CARRASSAT (Patricia) et MARCADÉ (Isabelle), *Les Mouvements dans la peinture*, Paris, Larousse, 2008.
- GOMBRICH (Sir Ersnt), *Histoire de l'art*, Paris, Phaidon, 2001.
- « Ingres. *Baigneuse de Valpinçon* », sur http://www.geographis.ch/~podouphis/ingres.htm, consulté le 24/06/2014.
- JOVER (Manuel), *Ingres. Écrits et propos sur l'art*, Paris, Hermann, 2006.
- « *Le Bain Turc*, Ingres : histoire et analyse », sur http://www.aporteedart.fr/blog/peinture/le-bain-turc-ingres-histoire-et-analyse, consulté le 24/06/2014.
- LEGRAND (Gérard), *Histoire de l'Art du Moyen Âge à nos jours*, Paris, Larousse, 2006.
- « Le néoclassicisme », sur http://www.histoiredelart.net/courants/le-neo-classicisme-8.html, consulté le 08/06/2014.
- PANSU (Evelyne), *Ingres. Dessins*, Paris, Éditions du Chêne, 1977.
- PELTRE (Christine), *Dictionnaire culturel de l'orientalisme*, Paris, Hazan, 2008.

- PICON (Gaëtan), *Jean-Auguste-Dominique Ingres*, Genève, Éditions d'Art Albert Skira S.A., 1980.
- « Tableaux célèbres : *Homère défié*, dit *L'apothéose d'Homère* », sur http://vdgberte.free.fr/ARTS_EN_LIGNE/LOUVRE_EDU/Ingres_Apotheose_Homere.htm, consulté le 24/06/2014.
- TERNOIS (Daniel), *Tout l'œuvre peint d'Ingres*, Paris, Flammarion, 1987.
- TINTEROW (Gary) et CONISBEE (Philip), *Portraits by Ingres. Image of an epoch*, New York, The Metropolitan Museum of Art, 2000.
- VIGNE (Georges), *Ingres*, Paris, Citadelles & Mazenod, 1995.

SOURCES ICONOGRAPHIQUES

- INGRES (Jean Auguste Dominique), *Baigneuse de Valpinçon* ou *Grande Baigneuse*, 1808, huile sur toile, 146 x 97 cm, Paris, musée du Louvre. La photo reproduite est réputée libre de droits.
- INGRES (Jean Auguste Dominique), *La Grande Odalisque*, 1814, huile sur toile, 91 x 162 cm, Paris, musée du Louvre. La photo reproduite est réputée libre de droits.
- INGRES (Jean Auguste Dominique), *L'Apothéose d'Homère* ou *Homère déifié*, 1827, huile sur toile, 386 x 512 cm, Paris, musée du Louvre. La photo reproduite est réputée libre de droits.
- INGRES (Jean Auguste Dominique), *Le Bain turc*, 1862, toile marouflée sur bois, 108 x 110 cm, Paris, musée du Louvre. La photo reproduite est réputée libre de droits.
- INGRES (Jean Auguste Dominique), *Le Songe d'Ossian*, 1813, huile sur toile, 348 x 275 cm, Montauban, musée Ingres. La photo reproduite est réputée libre de droits.
- INGRES (Jean Auguste Dominique), *Monsieur Bertin*, 1832, huile sur toile, 116 x 96 cm, Paris, musée du Louvre. La photo reproduite est réputée libre de droits.
- INGRES (Jean Auguste Dominique), *Napoléon Ier sur le trône impérial*, 1806, huile sur toile, 260 x 163 cm, Paris, musée de l'Armée. La photo reproduite est réputée libre de droits.

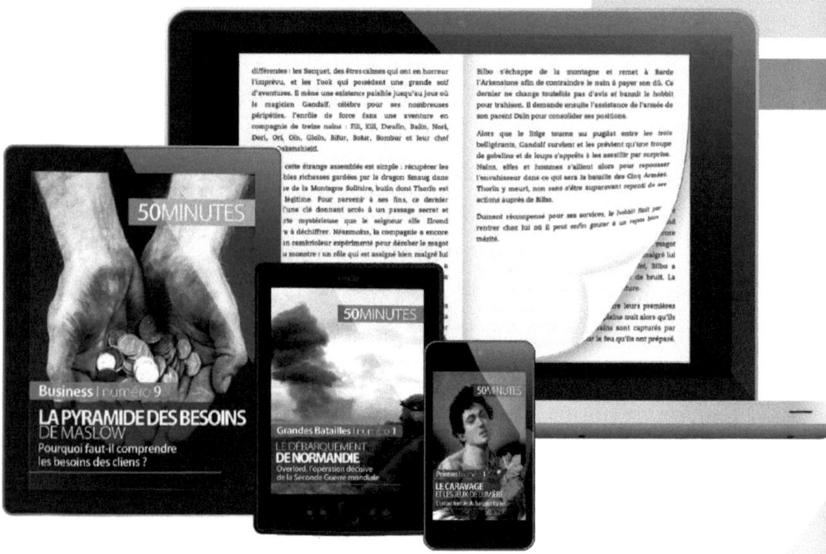
50MINUTES
Art
Business
Histoire
Business | numéro 9
LA PYRAMIDE DES BESOINS
DE MASLOW
Pourquoi faut-il comprendre
les besoins des cliens ?
Grandes Batailles | numéro 1
LE DÉBARQUEMENT
DE NORMANDIE
Overlord, l'opération décisive
de la Seconde Guerre mondiale
LE CARAVAGE
ET LES JEUX DE LUMIÈRE
SOYEZ LÀ
OÙ ON NE VOUS ATTEND PAS !
www.50minutes.com

www.50minutes.com

Éditeur responsable : Lemaitre Publishing
Rue Lemaitre 4 | BE-5000 Namur
info@lemaitre-editions.com

ISBN ebook : 978-2-8062-5784-0
ISBN papier : 978-2-8062-5785-7
Dépôt légal : D/2014/12603-163
Photo de couverture : © *La Grande Odalisque*, par Ingres, 1814.

Conception numérique : Primento,
le partenaire numérique des éditeurs